FÉLIX LLAUGÉ DAUSÀ

TU ÁNGEL CUSTODIO

EDICIONES OBELISCO

Si este libro le ha interesado y desea que le mantengamos informado de
nuestras publicaciones, escríbanos indicándonos qué temas son de su interés
(Astrología, Autoayuda, Ciencias Ocultas, Artes Marciales, Naturismo,
Espiritualidad, Tradición...) y gustosamente le complaceremos.

Puede consultar nuestro catálogo en www.edicionesobelisco.com

Colección Angelología
Tu ángel custodio
Félix Llaugé Dausà

1.ª edición: junio de 2016

Corrección: *M.ª Ángeles Olivera*
Diseño de cubierta: *Enrique Iborra*

© 2016, Félix Llaugé Dausà
© 2016, Ediciones Obelisco, S. L.
(Reservados los derechos para la presente edición)

Edita: Ediciones Obelisco, S. L.
Pere IV, 78 (Edif. Pedro IV) 3.ª planta 5.ª puerta
08005 Barcelona - España
Tel. 93 309 85 25 - Fax 93 309 85 23
E-mail: info@edicionesobelisco.com

ISBN: 978-84-9111-114-6
Depósito Legal: B-11.956-2016

Printed in Spain

Impreso en España en los talleres gráficos de Novoprint
Energía, 53 (Polígono Ind. Can Sellares) 08740 Sant Andreu de la Barca

PREÁMBULO

En pleno siglo XXI, caracterizado por un desarrollo vertiginoso de la ciencia y la tecnología, cualquiera puede preguntarse si orar o invocar a los ángeles es necesario o sirve de algo.

Pero a medida que transcurren los años, el ser humano se encuentra con más problemas y conflictos. La ciencia y la técnica, así como un exceso de materialismo, no son la panacea que se esperaba que fueran. Y el hombre se halla, anímica y emocionalmente, cada día más solo, abandonado, perdido, desorientado y explotado, sin saber con quién comunicarse ni pedir auxilio.

Por ese motivo, este manual práctico tiene el objetivo de orientar las necesidades humanas y sociales de la vida cotidiana, para que el hombre sepa que no está solo, que hay potencias invisibles que pueden ayudarle a paliar sus sufrimientos y vicisitudes.

Si el ser humano quiere encontrar una guía espiritual, un compañero celeste, un ángel custodio, en su peregrinaje terrestre, este breviario o Enchiridion es imprescindible para él. Y el autor desea que sepa aprovecharlo plenamente.

LOS ÁNGELES
SHEMHAMFORAS

Shemhamforas, o shemhamphoras, es el nombre que reciben los setenta y dos ángeles que llevan el nombre místico de Dios (Yahvé -YHVH). Los shemhamforas funcionan como un «nombre de poder». El hecho de invocarlos ayuda a solucionar los problemas que uno tiene.

Se dividen en nueve órdenes, o coros, cada uno de los cuales consta de ocho ángeles, lo que hacen un total de setenta y dos ángeles shemhamforas (9 x 8= 72).

Esos setenta y dos ángeles también se conocen con el nombre de quinarios, porque cada uno gobierna cinco grados de la circunferencia o círculo zodiacal (72 x 5 = 360). Pero como el año tiene 365 días, y el bisiesto 366, hay que añadir esos seis días a la lista, por lo que algunos ángeles gobiernan más de cinco días, de acuerdo con la lista que se ofrece en las siguientes páginas.

Estos ángeles se clasifican de la siguiente manera, según las letras del nombre del Señor:

Y o I:	18 ángeles de fuego
H:	18 ángeles de tierra
V:	18 ángeles de aire
H:	18 ángeles de agua

Se corresponden, lógicamente, con los elementos zodiacales.

El nombre de cada ángel acaba con uno de los cuatro nombres divinos: IAH, EL, AEL o IEL:

IAH,	para los que habitan el norte;
EL,	para los que habitan el este;
AEL,	para los que habitan el sur;
IEL,	para los que habitan el oeste.

Los setenta y dos ángeles shemhamphoras, o shemhamforas, rodean el trono de Dios en continua rotación, según una circunferencia que une las doce constelaciones zodiacales que forman los doce meses del año.

Como ya se ha dicho, el número setenta y dos se obtiene de la agrupación tradicional de los ángeles, distribuidos en nueve coros u órdenes, cada uno de ellos presidido por un arcángel.

La circunferencia zodiacal se distribuye en secciones de 5 grados (quinarios), y cada quinario corresponde a un período aproximado de cinco días del año. Asimismo, cada quinario está gobernado por uno de los setenta y dos ángeles shemhamphoras. Para que los setenta y dos ángeles se correspondan con los 360 grados y los 365-366 días del año, es necesario realizar unas pequeñas correcciones, es decir, añadir un día más a determinados ángeles.

La lista de los ángeles custodios de cada quinario que se incluye es la más correcta de las calculadas hasta ahora. Los hemos añadido a los ángeles siguientes:

LELAHEL

MEBAHEL

CALIEL

HAHUIAH

SEEHIAH

LECABEL

Pero esto no impide que cada uno pueda invocar al ángel que desee, según sus necesidades, al margen de su ángel custodio dependiendo de la fecha de nacimiento.

Los nueve órdenes, o coros, de shemhamforas son los siguientes:

1. Serafines, bajo el mando del arcángel Metatrón.
2. Querubines, bajo el mando del arcángel Raziel.
3. Tronos, bajo el mando del arcángel Binael.
4. Dominaciones, bajo el mando del arcángel Hesediel.

5. Potestades, bajo el mando del arcángel Camael.
6. Virtudes, bajo el mando del arcángel Rafael.
7. Principados, bajo el mando del arcángel Haniel.
8. Arcángeles, bajo el mando del arcángel Miguel.
9. Ángeles, bajo el mando del arcángel Gabriel.

A continuación, se proporciona la lista completa de los shemhamforas, así como de los quinarios que gobiernan.

ÁNGELES SHEMHAMPHORAS	CUSTODIOS DE LOS NACIDOS
1 VEHUIAH	Entre el 21 y el 25 de marzo
2 ILIEL	Entre el 26 y el 30 de marzo
3 SITAEL	Entre el 31 de marzo y el 4 de abril
4 ELEMIAH	Entre el 5 y el 9 de abril
5 MAHASIAH	Entre el 10 y el 14 de abril
6 LELAHEL	Entre el 15 y el 20 de abril
7 AEHAIAH	Entre el 21 y el 25 de abril
8 CAHETEL	Entre el 26 y el 30 de abril
9 HAZIEL	Entre el 1 y el 5 de mayo
10 ALADIAH	Entre el 6 y el 10 de mayo
11 LAUVIAH	Entre el 11 y el 15 de mayo
12 HAHAIAH	Entre el 16 y el 20 de mayo
13 IZALEL	Entre el 21 y el 25 de mayo

---

14 MEBAHEL   Entre el 26 y el 31 de mayo

15 HARIEL   Entre el 1 y el 5 de junio

16 HAKAMIAH   Entre el 6 y el 10 de junio

17 LEVIAH   Entre el 11 y el 15 de junio

18 CALIEL   Entre el 16 y el 21 de junio

19 LEUUIAH   Entre el 22 y el 26 de junio

20 PAHALIAH   Entre el 27 de junio y el 1 de julio

21 NELCHAEL   Entre el 2 y el 6 de julio

22 IEIAIEL   Entre el 7 y el 11 de julio

23 MELAHEL   Entre el 12 y el 16 de julio

24 HAHUIAH   Entre el 17 y el 22 de julio

25 NITHHAIAH   Entre el 23 y el 27 de julio

26 HAAIAH   Entre el 28 de julio y el 1 de agosto

27 IERATHEL   Entre el 2 y el 6 de agosto

28 SEEHIAH   Entre el 7 y el 12 de agosto

29 REIIEL   Entre el 13 y el 17 de agosto

30 OMAEL   Entre el 18 y el 22 de agosto

31 LECABEL   Entre el 23 y el 28 de agosto

32 VASARIAH   Entre el 29 de agosto y el 2 de septiembre

33 IEHUIAH   Entre el 3 y el 7 de septiembre

34 LEHAHIAH   Entre el 8 y el 12 de septiembre

35 CAVAKIAH   Entre el 13 y el 17 de septiembre

36 MENADEL	Entre el 18 y el 22 de septiembre
37 ANIEL	Entre el 23 y el 27 de septiembre
38 HAAMIAH	Entre el 28 de septiembre y el 2 de octubre
39 REHAEL	Entre el 3 y el 7 de octubre
40 IHIAZEL	Entre el 8 y el 12 de octubre
41 HAHAHEL	Entre el 13 y el 17 de octubre
42 MICHAEL	Entre el 18 y el 22 de octubre
43 VEVALIAH	Entre el 23 y el 27 de octubre
44 IELAHIAH	Entre el 28 de octubre y el 1 de noviembre
45 SEALIAH	Entre el 2 y el 6 de noviembre
46 ARIEL	Entre el 7 y el 11 de noviembre
47 ASALIAH	Entre el 12 y el 16 de noviembre
48 MIHAEL	Entre el 17 y el 21 de noviembre
49 VEHUEL	Entre el 22 y el 26 de noviembre
50 DANIEL	Entre el 27 de noviembre y el 1 de diciembre
51 HAHAZIAH	Entre el 2 y el 6 de diciembre
52 IMAMIAH	Entre el 7 y el 11 de diciembre
53 NANAEL	Entre el 12 y el 16 de diciembre
54 NITHAEL	Entre el 17 y el 21 de diciembre

55	MEBAHIAH	Entre el 22 y el 26 de diciembre
56	POIEL	Entre el 27 y el 31 de diciembre
57	NEMAMIAH	Entre el 1 y el 5 de enero
58	IEILAEL	Entre el 6 y el 10 de enero
59	HARAHEL	Entre el 11 y el 15 de enero
60	MITZRAEL	Entre el 16 y el 20 de enero
61	UMABEL	Entre el 21 y el 25 de enero
62	IAHHEL	Entre el 26 y el 30 de enero
63	ANNAUEL	Entre el 31 de enero al 4 de febrero
64	MEHEKIEL	Entre el 5 y el 9 de febrero
65	DAMABIAH	Entre el 10 y el 14 de febrero
66	MENAKEL	Entre el 15 y el 19 de febrero
67	AIHEL	Entre el 20 y el 24 de febrero
68	HABUIAH	Entre el 25 y el 29 de febrero
69	ROCHEL	Entre el 1 y el 5 de marzo
70	IIBAMIAH	Entre el 6 y el 10 de marzo
71	HAIAIEL	Entre el 11 y el 15 de marzo
72	MUMIAH	Entre el 16 y el 20 de marzo

Angel names (reading each band left to right):

Band 1: Mebahiah · Poiel · Nemamiah · Ieilael · Harahel · Mizrael · Umabel · Iahhel · Annauel · Mehekiel · Damabiah · Meniel · Eiael · Habuiah · Rochel · Iibamiah · Haiaiel · Mumiah

Band 2: Aniel · Haamiah · Rehael · Ihiazel · Hahahel · Michael · Vevaliah · Ielahiah · Seeliah · Ariel · Asaliah · Mihael · Vehuel · Daniel · Hahaziah · Imamiah · Nanael · Nithael

Band 3: Leuuiah · Pahaliah · Nelchael · Ieiaiel · Melahel · Hahuiah · Nithaiah · Haaiah · Ierathel · Seehiah · Reiiel · Omael · Lecabel · Vasariah · Iehuiah · Lehahiah · Chavakiah · Monadel

Band 4: Vehuiah · Ieliel · Sitael · Elemiah · Mahasiah · Lelahel · Achaiah · Cahethel · Haziel · Aladiah · Lauiah · Hahuiah · Ieiazel · Mebahel · Hariel · Hakamiah · Leviah · Caliel

14

DICCIONARIO DE LOS SHEMHAMFORAS

1. Vehuiah

Pertenece al orden de los serafines, bajo el mando del arcángel Metatrón. Gobierna los primeros rayos de sol al amanecer. Se le invoca para adquirir iluminación espiritual y luz interior, así como para tener un buen día. Se le invoca con las primeras luces del día. Tiene dominio sobre el planeta Urano y el signo de Aries, pero según algunos cabalistas también influye en el planeta Neptuno. Es el custodio de los nacidos entre el 21 y el 25 de marzo.

2. Iliel (Jeliel)

Pertenece al orden de los serafines, bajo el mando del arcángel Metatrón. Tiene dominio sobre el planeta Saturno y el signo de Aries. Según algunos cabalistas, también influye en el planeta Neptuno. Se le invoca para obtener una victoria sobre los enemigos. Revela las virtudes de las plantas y los minerales. También se le puede encontrar en los textos con las grafías Ieliel, Yeliel y Eliel. Es el ángel custodio de los nacidos entre el 26 y el 30 de marzo.

3. Sitael

Pertenece al orden de los serafines, bajo el mando del arcángel Metatrón. Tiene dominio sobre el planeta Júpiter y el signo de Aries. Se le invoca como protección contra la adversidad y dificultades de cualquier índole. Ayuda al progreso material, profesional y moral. Es el custodio de los nacidos entre el 31 de marzo y el 4 de abril.

4. Elemiah (Helemiah)

Pertenece al orden de los serafines, bajo el mando del arcángel Metatrón. Tiene dominio sobre el planeta Marte y el signo de Aries. Rige los viajes marítimos y las expediciones a otros países. Si se le invoca o lleva su sello o amuleto, ayuda a superar los tormentos del espíritu y revela arcanos sobre el sabio y justo conocimiento y sabiduría. También se le encuentra en los textos con la grafía Aelemiah. Es el custodio de los nacidos entre el 5 y el 9 de abril.

5. Mahasiah (Mahashian)

Pertenece al orden de los serafines, bajo el mando del arcángel Metatrón. Tiene dominio sobre el Sol y el signo de Aries. Posee el atributo de Dios Salvador, y el talismán que se construye bajo su influjo sirve para vivir en paz con todo el mundo. Se le invoca para que contribuya a que exista concordia y comprensión mutua en la esfera social. Es el ángel custodio de los nacidos entre el 10 y el 14 de abril.

6. Lelahel

Pertenece al orden de los serafines, bajo el mando del arcángel Metatrón. Está citado en *The Key of Solomon the King* de MacGregor Mathers como uno de los entes que se debe invocar para obtener pergamino virgen mágico. Según Robert Ambelain (*La Kabbale pratique*), es un ángel del zodíaco que rige el amor, la ciencia, el arte y la fortuna. De acuerdo con Uriel (*Las cartas de los ángeles de la cábala*) tiene dominio sobre el planeta Venus y el signo zodiacal de Aries. Confiere iluminación espiritual y el don para curar enfermedades. Deben invocarlo los médicos, sanadores y practicantes de las medicinas alternativas. Otros cabalistas opinan que también influye en el planeta Neptuno. Es el ángel custodio de los nacidos entre el 15 y el 20 de abril.

7. Aehaiah (Akaiah)

Pertenece al orden de los serafines, bajo el mando del arcángel Metatrón. Tiene dominio sobre el planeta

Mercurio y el signo de Tauro. Algún cabalista cree que también influye en Neptuno. Comunica perseverancia para los estudios, investigación y experimentación. Ayuda a los descubrimientos sobre la naturaleza. Es el ángel custodio de los nacidos entre el 21 y el 25 de abril. Asimismo, se le encuentra con la grafía Achaiah.

8. Cahetel (Cahethel)

Pertenece al orden de los serafines, bajo el mando del arcángel Metatrón. Tiene dominio sobre la Luna y el signo de Tauro. Se le invoca o lleva su sello o talismán para que ayude a expulsar a los malos espíritus y cascarones del astral, y exista armonía en el hogar y la familia. También influye en la agricultura y sus productos. Se le encuentra también con la grafía Cahatel. Es el ángel custodio de los nacidos entre el 26 y el 30 de abril.

9. Haziel

Pertenece al orden de los querubines, bajo el mando del arcángel Raziel. Tiene dominio sobre el planeta Urano y el signo de Tauro. Su nombre significa «visión de Dios». Se le invoca para obtener la misericordia divina. También favorece la meditación, la contemplación y la oración mental y hablada. Es el custodio de los nacidos entre el 1 y 5 de mayo.

10. Aladiah (Haladiah)

Pertenece al orden de los querubines, bajo el mando del arcángel Raziel. Tiene dominio sobre el planeta Saturno y el signo de Tauro, si bien hay cabalistas que opinan que también influye en el planeta Urano. Confiere amor a las cosas, a los objetos, al trabajo y a las personas. Es el ángel custodio de los nacidos entre el 6 y el 10 de mayo.

11. Lauviah (Leuviah)

Pertenece al orden de los querubines, bajo el mando del arcángel Raziel. Tiene dominio sobre el planeta Júpiter y el signo de Tauro. Comunica sabiduría y equilibrio interno, capacidad de mediación para solucionar conflictos, querellas y enfrentamientos entre personas. Y también aptitud para superarse ante obstáculos y dificultades, y tener fuerza de decisión para ocupar cargos de responsabilidad. También se le encuentra con las grafías Loviah, Lauiah y Laviah. Es el ángel custodio de los nacidos entre el 11 y el 15 de mayo.

12. Hahaiah (Hahiah)

Pertenece al orden de los querubines, bajo el mando del arcángel Raziel. Tiene dominio sobre el planeta Marte y el signo de Tauro. Induce pensamientos y revelaciones sobre los misterios ocultos del Universo. Además, controla el mundo de los sueños y es una de las principales fuentes de luz espiritual y de sabiduría. Es el ángel custodio de los nacidos entre el 16 y el 20 de mayo.

13. Izalel (Ieiazel)

Pertenece al orden de los querubines, bajo el mando del arcángel Raziel. Tiene dominio sobre el Sol y el signo de Géminis. Confiere amor al conocimiento y a la sabiduría, y sentimientos nobles y elevados. Ayuda en todas las circunstancias sociales y comerciales. También se le encuentra en los textos con las grafías Iezael e Iesalel. Es el ángel custodio de los nacidos entre el 21 y el 25 de mayo.

14. Mebahel (Mebabel)

Pertenece al orden de los querubines, bajo el mando del arcángel Raziel. Tiene dominio sobre el planeta Venus y el signo de Géminis. Se le invoca contra los que tratan de usurpar los derechos y fortuna de otros y engañar en herencias. Además, confiere armonía en la pareja, comprensión y paz conyugal, deseos de concordia, amor, fraternidad, etcétera. También se encuentra en los textos con la grafía Mehahel. Es el ángel custodio de los nacidos entre el 26 y el 31 de mayo.

15. Hariel (Harael)

Pertenece al orden de los querubines, bajo el mando del arcángel Raziel. Tiene dominio sobre el planeta

Mercurio y el signo de Géminis. Otros cabalistas creen que también influye en el planeta Saturno. Rige la ciencia, las artes, los animales domésticos y las mascotas. Se le invoca contra las impiedades y para todo tipo de purificación espiritual y ambiental. Es el ángel custodio de los nacidos entre el 1 y el 5 de junio.

16. Hakamiah (Hekamiah)

Pertenece al orden de los querubines, bajo el mando del arcángel Raziel. Tiene dominio sobre la Luna y el signo de Géminis. Hay cabalistas que también lo relacionan con el planeta Saturno. Se cree que es el guardián o custodio de Francia. Se le invoca para que proteja contra los traidores, intrigantes y opositores, así como para vencer a los enemigos. También se le encuentra con la grafía Kakamiah. Es el ángel custodio de los nacidos entre el 6 y el 10 de junio.

17. Leviah (Lauviah)

Pertenece al orden de los tronos, bajo el mando del arcángel Binael. Tiene dominio sobre el planeta Urano y el signo de Géminis. Se le invoca para que confiera memoria y retentiva, y aumente la inteligencia y capacidad de discernimiento. Ayuda a tener amistades justas, amables y edificantes. También se le encuentra en los textos con la grafía Laiah. Es el ángel custodio de los nacidos entre el 11 y el 15 de junio.

18. Caliel (Kaliel)

Pertenece al orden de los tronos, bajo el mando del arcángel Binael. Tiene dominio sobre el planeta Saturno y el signo de Géminis. Se le invoca para que proporcione ayuda inmediata contra la adversidad, las rachas de mala suerte y los problemas repentinos. También se le encuentra en los textos con la grafía Calliel. Es el ángel custodio de los nacidos entre el 16 y el 21 de junio.

19. Leuuiah (Leuviah)

Pertenece al orden de los tronos, bajo el mando del arcángel Binael. Tiene dominio sobre el planeta Júpiter y el signo de Cáncer. Comunica iluminación interna, claridad espiritual, sentido de la justicia, rigor moral, moderación, etcétera. También se le encuentra en los textos con la grafía Luviah. Es el ángel custodio de los nacidos entre el 22 y el 26 de junio.

20. Pahaliah

Pertenece al orden de los tronos, bajo el mando del arcángel Binael. Tiene dominio sobre el planeta Marte y el signo de Cáncer. Protege contra los enemigos de la religión y de las ciencias mágicas. Ayuda a la realización de las justas aspiraciones, ya sean místicas o profesionales. Es el ángel custodio de los nacidos entre el 27 de junio y el 1 de julio.

21. Nelchael (Nelcael)

Pertenece al orden de los tronos, bajo el mando del arcángel Binael. Tiene dominio sobre el Sol y el signo de Cáncer. Se le invoca contra los calumniadores e intrigantes, para que proteja contra los hechizos y embrujamientos, y para destruir las malfetrías y rituales de magia negra que se hagan contra uno. También se le encuentra en los textos con las grafías Nelkhael y Nelkahel. Es el ángel custodio de los nacidos entre el 2 y el 6 de julio.

22. Ieiaiel (Yeiayel)

Pertenece al orden de los tronos, bajo el mando del arcángel Binael. Tiene dominio sobre el planeta Venus y el signo de Cáncer. Confiere sentido del raciocinio, el discernimiento, la armonía y el equilibrio internos y vislumbre del futuro. Es el ángel custodio de los nacidos entre el 7 y el 11 de julio.

23. Melahel

Pertenece al orden de los tronos, bajo el mando del arcángel Binael. Tiene dominio sobre el planeta Mercurio y el signo de Cáncer. Algunos cabalistas creen que también tiene influjo sobre el planeta Urano. Se le invoca para tener protección en los viajes (sobre todo a otros países) y para gozar de buena salud. Incluso salvaguarda contra todo tipo de armas y ataques de facinerosos. Es el ángel custodio de los nacidos entre el 12 y el 16 de julio.

24. Hahuiah (Hayuiah)

Pertenece al orden de los tronos, bajo el mando del arcángel Binael. Tiene dominio sobre la Luna y el signo de Cáncer. Se le invoca para que confiera espiritualidad, amor a los ritos y ceremonias religiosas, y capacidad humanística y profesional para ayudar a los enfermos y a los que sufren tribulaciones. También se le encuentra en los textos con las grafías de Chahuiah y Haheviah. Es el ángel custodio de los nacidos entre el 17 y el 22 de julio.

25. Nithhaiah (Nilaihah)

Pertenece al orden de las dominaciones, bajo el mando del arcángel Hesadiel. Tiene dominio sobre el planeta Urano y el signo de Leo. Se le invoca para que confiera tranquilidad, paz, serenidad y apacibilidad, y revele secretos o misterios sobre las ciencias ocultas y esotéricas. Ayuda a triunfar sobre la adversidad, a superar los grandes escollos o pruebas del destino. También se le encuentra en los textos con las grafías Nith-haiah y Nit-haiah. Es el ángel custodio de los nacidos entre el 23 y el 27 de julio.

26. Haaiah (Ahayah)

Pertenece al orden de las dominaciones, bajo el mando del arcángel Hesediel. Tiene dominio sobre el planeta Saturno y el signo de Leo. Controla a los diplomáticos y embajadores. Se le invoca para ganar pleitos, oposiciones (exámenes), obtener éxito y promociones profesionales. Es el ángel custodio de los nacidos entre el 28 de julio y el 1 de agosto.

27. Ierathel (Yerathel)

Pertenece al orden de las dominaciones, bajo el mando del arcángel Hesediel. Tiene dominio sobre el planeta Júpiter y el signo de Leo. Se le invoca para que confiera armonía entre lo divino y lo humano, entre lo sagrado y mundano, así como mejora o evolución en la carrera y suerte en los juegos de azar. También se le encuentra en los textos con las grafías Ieratel y Terather. Es el ángel custodio de los nacidos entre el 2 y el 6 de agosto.

28. Seehiah (Seheiah)

Pertenece al orden de las dominaciones, bajo el mando del arcángel Hesediel. Tiene dominio sobre el planeta Marte y el signo de Leo. Se le invoca como protección contra las enfermedades y el rayo y el trueno. Confiere larga vida, fuerza física, optimismo y capacidad para realizar cualquier obra o misión. También se le encuentra en los textos con la grafía Sahaiah. Es el ángel custodio de los nacidos entre el 7 y el 12 de agosto.

29. Reiiel (Reuel)

Pertenece al orden de las dominaciones, bajo el mando del arcángel Hesediel. Tiene dominio sobre el Sol y el signo de Leo. Se le invoca para que proteja de enemigos visibles e invisibles y ayude a recuperarse rápidamente de una enfermedad. Hace que uno o una reciba apoyo por parte de personas importantes o influyentes. También se le encuentra en los textos con las grafías Riiel y Rejajel. Es el ángel custodio de los nacidos entre el 13 y el 17 de agosto.

30. Omael (Aumel)

Pertenece al orden de las dominaciones, bajo el mando del arcángel Hesediel. Tiene dominio sobre el planeta Venus y el signo de Leo. Se le invoca contra los pesares, la desesperación y para tener paciencia, resignación y resistencia ante las grandes adversidades. También favorece las artes y artistas, y recibir ayuda y comprensión por parte de la ley y los jueces. Es el ángel custodio de los nacidos entre el 18 y el 22 de agosto.

31. Lecabel (Yecabel)

Pertenece al orden de las dominaciones, bajo el mando del arcángel Hesediel. Tiene dominio sobre el planeta

Mercurio y el signo de Virgo. Controla la vegetación y la agricultura, por lo que lo invocan los campesinos, agricultores y horticultores. Asimismo, influye en la palabra y la escritura, por lo que ayuda a escritores, poetas y lingüistas. Es el ángel custodio de los nacidos entre el 23 y el 28 de agosto.

32. Vasariah

Pertenece al orden de las dominaciones, bajo el mando del arcángel Hesadiel. Tiene dominio sobre la Luna y el signo de Virgo. Se le invoca para superar dificultades, actuar con justicia y buscar arreglos en pleitos y querellas. Es el ángel custodio de los nacidos entre el 29 de agosto y el 2 de septiembre.

33. Iehuiah (Yehuiah)

Pertenece al orden de las potestades, bajo el mando del arcángel Camael. Es protector de príncipes, gobernantes y mandatarios. Tiene dominio sobre el planeta Urano y el signo de Virgo. Se le invoca o lleva su talismán para protegerse de traidores, intrigantes y conspiradores y poder destruir sus planes. También confiere apoyo a la gente recta, íntegra y justa. Se le encuentra en los textos con otras grafías: Ichaviah y Jehuvajah. Es el ángel custodio de los nacidos entre el 3 y el 7 de septiembre.

34. Lehahiah (Lehachiah)

Pertenece al orden de las potestades, bajo el mando del arcángel Camael. Protege a reyes, monarcas, ministros y jefes de gobierno. Tiene dominio sobre el planeta Saturno y el signo de Virgo. En magia talismánica se le invoca y graba su nombre en talismanes para autocontrolarse, evitar la ira propia, los arrebatos de carácter y adquirir sentido de la templanza y de la magnanimidad. Predispone al trabajo duro, disciplinado y perseverante. Es el ángel custodio de los nacidos entre el 8 y el 12 de septiembre.

35. Cavakiah (Chavakiah)

Pertenece al orden de las potestades, bajo el mando del arcángel Camael. Tiene dominio sobre el planeta Júpiter y el signo de Virgo. Confiere agilidad mental, rapidez en la toma de decisiones y la búsqueda del orden moral personal y colectivo. También se le encuentra en los textos con las grafías Chavakhiah y Javakiah. Es el ángel custodio de los nacidos entre el 13 y el 17 de septiembre.

36. Menadel (Monadel)

Pertenece al orden de las potestades, bajo el mando del arcángel Camael. Tiene dominio sobre el planeta Marte y el signo de Virgo. Se le invoca para realizar talismanes destinados a conservar el empleo o cargo y mantener los medios de subsistencia. También comunica amor y disponibilidad para ayudar y enseñar al prójimo, así como vocación por las ciencias médicas, sanitarias y psicológicas. Es el ángel custodio de los nacidos entre el 18 y el 22 de septiembre.

37. Aniel (Haniel)

Pertenece al orden de las potestades, bajo el mando del arcángel Camael. Tiene dominio sobre el Sol y el signo de Libra. Se le invoca para que revele los arcanos de la naturaleza y para superar todo tipo de dificultades y obstáculos. Es uno de los guardianes de las puertas del Oeste. A pesar de sus diferentes grafías con el paso de los siglos (Haniel, Anael, Hanael, etcétera), su variante Haniel significa «gloria de Dios». También figura en la lista de los arcángeles y de los diez sefirotas sagrados. Estimula el conocimiento, el deseo de saber y el afán de experimentar y hacer descubrimientos. Es el ángel custodio de los nacidos entre el 23 y el 27 de septiembre.

38. Haamiah (Chahmiah)

Pertenece al orden de las potestades, bajo el mando del arcángel Camael. Tiene dominio sobre el planeta Venus y el signo de Libra. Controla los cultos religiosos y protege a todos los que predican la verdad. Confiere rigor moral, espiritualidad intensa y amor a lo teológico. Es el ángel custodio de los nacidos entre el 28 de septiembre y el 2 de octubre.

39. Rehael (Rehahel)
Pertenece al orden de las potestades, bajo el mando del arcángel Camael. Tiene poder sobre el planeta Mercurio y el signo de Libra. Influye sobre la salud y la longevidad. Se le invoca para la curación de una enfermedad, para superar una intervención quirúrgica, etcétera, sea propia o de algún allegado. Es el ángel custodio de los nacidos entre el 3 y el 7 de octubre.

40. Ihiazel (Yeiazel)
Pertenece al orden de las potestades, bajo el mando del arcángel Camael. Tiene dominio sobre el planeta Mercurio y el signo de Libra. Se le invoca para obtener consuelo, confortamiento, alegría, confianza en uno mismo y equilibrio emocional y sentimental, También se le encuentra en los textos con las grafías Iizel y Eiazel. Es el ángel custodio de los nacidos entre el 8 y el 12 de octubre.

41. Hahahel (Hahael)
Pertenece al orden de las virtudes, bajo el mando del arcángel Rafael. Tiene dominio sobre el planeta Urano y el signo de Libra. Protege a los misioneros y a los seguidores de Jesucristo. Inspira reglas celestes y

religiosas, así como vocaciones espirituales. Es el ángel custodio de los nacidos entre el 13 y el 17 de octubre.

42. Michael (Mikael)

Pertenece al orden de las virtudes, bajo el mando del arcángel Rafael. Tiene dominio sobre el planeta Saturno y el signo de Libra, aunque hay cabalistas que opinan que también influye en el Sol o lo representa. Influye en las decisiones de los monarcas, de los gobernantes, de la nobleza... Además, tiene poder para encubrir conspiraciones contra los estados y sus regentes. En los textos histéricos se le identifica con varias grafías. Para su variante de Miguel y derivados, *véase* nuestro extenso artículo en el *Diccionario universal de ángeles, demonios, monstruos y seres sobrenaturales* (Ediciones Obelisco). Es el ángel custodio de los nacidos entre el 18 y el 22 de octubre.

43. Vevaliah (Veuliah)

Pertenece al orden de las virtudes, bajo el mando del arcángel Rafael. Tiene dominio sobre el planeta Júpiter y el signo de Escorpión. Ayuda a la consecución de proyectos personales y colectivos. Se le invoca para destruir o vencer a los enemigos y para liberarse de pasiones, obsesiones y adicciones (tabaco, alcohol, juego, drogas, sexo, etcétera). También se le encuentra con las grafías

Vauliah y Yoliah. Es el ángel custodio de los nacidos entre el 23 y el 27 de octubre.

44. Ielahiah (Ilahiah)

Pertenece al orden de las virtudes, bajo el mando del arcángel Rafael. Tiene dominio sobre el planeta Marte y el signo de Escorpión. Protege a los magistrados y hombres de leyes, y ayuda a la toma de decisiones en asuntos legales. Se le invoca para ganar juicios y pleitos. También se le encuentra en los textos con las grafías Yelahiah y Jelabiah. Es el ángel custodio de los nacidos entre el 28 de octubre y el 1 de noviembre.

45. Sealiah (Sehaliah)

Pertenece al orden de las virtudes, bajo el mando del arcángel Rafael. Tiene dominio sobre el Sol y el signo de Escorpión. El talismán que se construye con su nombre ensalza a los humillados, oprimidos y decepcionados de la sociedad. Controla la vegetación terrestre y ayuda a las artes escénicas y a los actores y actrices. También se le encuentra en los textos con la grafía Saliah. Es el ángel custodio de los nacidos entre el 2 y el 6 de noviembre.

46. Ariel (Ahriel)

Pertenece al orden de las virtudes, bajo el mando del arcángel Rafael. Tiene dominio sobre el planeta Venus y el signo de Escorpión. Se le invoca para descubrir tesoros ocultos, adquirir bienestar y tener suerte en los proyectos. Su nombre aparece en pentáculos que protegen de los peligros terrestres. Son tan diversas y amplias las tradiciones que hablan de este ángel, para bien y para mal, que para comprender su historia es necesario consultar el término Ariel en nuestro *Diccionario universal de ángeles, demonios, monstruos y seres sobrenaturales* (Ediciones Obelisco). También se le encuentra con la grafía Arael. Es el ángel custodio de los nacidos entre el 7 y el 11 de noviembre.

47. Asaliah

Pertenece al orden de las virtudes, bajo el mando del arcángel Rafael. Tiene dominio sobre el planeta Mercurio y el signo de Escorpión. Rige el mundo judicial y lo concerniente a los medios de comunicación social. Le invocan periodistas, reporteros, locutores, editores, etcétera. Es el ángel custodio de los nacidos entre el 12 y el 16 de noviembre.

48. Mihael (Mihel)

Pertenece al orden de las virtudes, bajo el mando del arcángel Rafael. Tiene dominio sobre la Luna y el signo de Escorpión. Conserva la fidelidad, la fertilidad y la unidad conyugales, así como la armonía hogareña y familiar. Concede sueños premonitorios o videntes a quienes le invocan con esa finalidad. Es el ángel custodio de los nacidos entre el 17 y el 21 de noviembre.

49. Vehuel (Vehael)

Pertenece al orden de los principados, bajo el mando del arcángel Haniel. Tiene dominio sobre el planeta Urano y el signo de Sagitario. Se le invoca para alejar pesares y dificultades, y conseguir la paz y la armonía, tanto interiores como familiares o laborales. Es el ángel custodio de los nacidos entre el 22 y el 26 de noviembre.

50. Daniel

Pertenece al orden de los principados, bajo el mando del arcángel Haniel. Tiene dominio sobre el planeta Saturno y el signo de Sagitario. Confiere el don de la elocuencia, la persuasión y la seducción. Le invocan oradores, conferenciantes y políticos. Es el ángel custodio de los nacidos entre el 27 de noviembre y el 1 de diciembre.

51. Hahaziah (Hahasiah)

Pertenece al orden de los principados, bajo el mando del arcángel Haniel. Tiene dominio sobre el planeta Júpiter y el signo de Sagitario. Se le invoca para que inspire en todo lo relacionado con medicina, enfermedades, intervenciones quirúrgicas, servicio sanitario, amor al doliente, ecología y armonía cósmica. También se le encuentra con la grafía Hachasiah. Es el ángel custodio de los nacidos entre el 2 y el 6 de diciembre.

52. Imamiah (Himamiah)

Pertenece al orden de los principados, bajo el mando del arcángel Haniel. Tiene dominio sobre el planeta Marte y el signo de Sagitario. Se le invoca para superar dificultades, tener protección en los viajes largos y al extranjero, y escapar de la amenaza de los enemigos. Es el ángel custodio de los nacidos entre el 7 y el 11 de diciembre.

53. Nanael

Pertenece al orden de los principados, bajo el mando del arcángel Haniel. Tiene dominio sobre el Sol y el signo de Sagitario. Controla las ciencias superiores, la abogacía, la jurisprudencia, la filosofía, la teología y hasta las ciencias ocultas y herméticas. Es el ángel custodio de los nacidos entre el 12 y el 16 de diciembre.

54. Nithael

Pertenece al orden de los principados, bajo el mando del arcángel Haniel. Tiene dominio sobre el planeta Venus y el signo de Sagitario. Se le invoca para obtener la misericordia de Dios, alcanzar larga vida, obtener sentido de la estética y cualidades para lo creativo y artístico. Le invocan pintores y artesanos. Es el ángel custodio de los nacidos entre el 17 y el 21 de diciembre.

55. Mebahiah

Pertenece al orden de los principados, bajo el mando del arcángel Haniel. Tiene dominio sobre el planeta Mercurio y el signo de Capricornio. Influye en la moral y la religión. Se le invoca para ser fértil, tener hijos y para facilitar el parto. Ayuda a los que estudian o trabajan en los medios de comunicación social (prensa, radio, televisión, Internet, etcétera). Es el ángel custodio de los nacidos entre el 22 y el 26 de diciembre.

56. Poiel (Poyel)

Pertenece al orden de los principados, bajo el mando del arcángel Haniel. Tiene dominio sobre la Luna y el signo de Capricornio. Rige la fortuna, la riqueza y la filosofía. Su nombre se graba en talismanes para adquirir fama y gloria. Según parece, su nombre significa «Dios que sostiene el Universo». Comunica sentimientos elevados y paz interna y externa. También se le encuentra con la grafía Puiel. Es el ángel custodio de los nacidos entre el 27 y el 31 de diciembre.

57. Nemamiah (Niamamiah)

Pertenece al orden de los arcángeles, bajo el mando del arcángel Miguel. Tiene dominio sobre el planeta Urano y el signo de Capricornio. Es el protector de almirantes y generales. Se le invoca para prosperar en todo, liberar a detenidos y encarcelados injustamente, así como para superar situaciones muy difíciles. Es el ángel custodio de los nacidos entre el 1 y el 5 de enero.

58. Ieilael (Yeiaiel)
Pertenece al orden de los arcángeles, bajo el mando del arcángel Miguel. Tiene dominio sobre el planeta Saturno y el signo de Capricornio. Se le invoca o lleva su talismán para que confiera energía mental y sentido práctico para todas las cosas de la vida. Ayuda a curar las enfermedades de la vista y de la mente. También se le encuentra en los textos con las grafías Ieialel y Jajalel. Es el ángel custodio de los nacidos entre el 6 y el 10 de enero.

59. Harahel (Harachel)
Pertenece al orden de los arcángeles, bajo el mando del arcángel Miguel. Tiene dominio sobre el planeta Júpiter y el signo de Capricornio. Es el encargado de los archivos, registros, bibliotecas y armarios de cosas raras y curiosas. Protege e inspira a los coleccionistas, bibliófilos, libreros y bibliotecarios. También se le encuentra con la grafía Herachiel. Es el ángel custodio de los nacidos entre el 11 y el 15 de enero.

60. Mitzrael (Mizrael)

Pertenece al orden de los arcángeles, bajo el mando del arcángel Miguel. Tiene dominio sobre el planeta Marte y el signo de Capricornio. Se le invoca para sanar de las enfermedades del espíritu y para librarse de perseguidores, acosadores y calumniadores. Es el ángel custodio de los nacidos entre el 16 y el 20 de enero.

61. Umabel

Pertenece al orden de los arcángeles, bajo el mando del arcángel Miguel. Tiene dominio sobre el Sol y el signo de Acuario. El significado de su nombre es «Dios está sobre todas las cosas». Es el encargado de las ciencias físicas y de la astronomía, por lo que ayuda a los astrónomos y astrofísicos. Se le invoca para realizar talismanes destinados a «obtener la amistad de alguien». Es el ángel custodio de los nacidos entre el 21 y el 25 de enero.

62. Iahhel (Iah-hel)

Pertenece al orden de los arcángeles, bajo el mando del arcángel Miguel. Tiene dominio sobre el planeta Venus y el signo de Acuario. Su nombre significa «Ser Supremo». Influye en los filósofos y los sabios, y aumenta la sed de conocimientos. Le invocan estudiantes de todas las ramas del saber humano, para que les inspire y guíe, sobre todo en los exámenes. También se le encuentra en los textos con las grafías Ihahel e Iahael. Es el ángel custodio de los nacidos entre el 26 y el 30 de enero.

63. Annauel (Hanuel)

Pertenece al orden de los arcángeles, bajo el mando del arcángel Miguel. Tiene dominio sobre el planeta Mercurio y el signo de Acuario. Se le invoca o lleva su talismán como protección contra los incidentes y accidentes e imprevistos, y favorece las relaciones con personas afines. Además, protege a conductores, motoristas, ciclistas... Su nombre significa «Dios infinitamente bueno». También se le encuentra en los textos con las grafías Anauel y Anaviel. Es el ángel custodio de los nacidos entre el 31 de enero y el 4 de febrero.

64. Mehekiel (Mechekiel)

Pertenece al orden de los arcángeles, bajo el mando del arcángel Miguel. Tiene dominio sobre la Luna y el signo de Acuario. Se le invoca o porta su talismán para que proteja de los animales feroces, las alimañas, los sortilegios, las malfetrías y de los ataques de magia negra. Ayuda a los que escriben: profesores, poetas, novelistas, oradores, conferenciantes, escritores, etcétera. Comunica dones de lógica, de raciocinio..., pero también fantasía, imaginación e inspiración creativa. Su nombre lleva el atributo de «Dios que vivifica todas las cosas». Se le encuentra en los textos con diversas grafías: Mechiel, Mehiel, Mehikiel... Es el ángel custodio de los nacidos entre el 5 y el 9 de febrero.

65. Damabiah

Pertenece al orden de los ángeles, bajo el mando del arcángel Gabriel. Tiene dominio sobre el planeta Urano y el signo de Acuario. Hay cabalistas que opinan que también influye en el planeta Neptuno. Su atributo es el de «Dios fuente de sabiduría». Rige la construcción naval y los viajes por mar, pero no debe descartarse que incluso tenga poder sobre la aviación y los viajes por el aire y el espacio. Ayuda a los inventores, navegantes, marinos, pescadores, aviadores, maestros, filósofos y docentes. Es el ángel custodio de los nacidos entre el 10 y el 14 de febrero.

66. Menakel (Manakel)

Pertenece al orden de los ángeles, bajo el mando del arcángel Gabriel. Tiene dominio sobre el planeta Saturno y el signo de Acuario. Gobierna sobre los animales acuáticos. Influye en el sueño, los sueños y su interpretación, y los sueños premonitorios. Se le invoca para la obtención de trabajo o empleo, y favorece los estudios técnicos y mecánicos. Su atributo es el de «Dios que sostiene todas las cosas». También se le encuentra en los textos con la grafía Meniel. Es el ángel custodio de los nacidos entre el 15 y el 19 de febrero.

67. Aihel (Eiael)

Pertenece al orden de los ángeles, bajo el mando del arcángel Gabriel. Tiene dominio sobre el planeta Júpiter y el signo de Piscis. Ayuda a que los cambios y nuevas situaciones personales y familiares sean favorables. También se le encuentra en los textos con las grafías Eyael y Ehjael. Es el ángel custodio de los nacidos entre el 20 y el 24 de febrero.

68. Habuiah (Habuhiah)

Pertenece al orden de los ángeles, bajo el mando del arcángel Gabriel. Tiene dominio sobre el planeta Marte y el signo de Piscis. Controla la agricultura y la fecundidad, tanto para el campo y los animales como para las personas. Comunica valor y coraje en la mujer. Su atributo es el de «Dios que da con liberalidad». También se le encuentra en los textos con las grafías Chabuiah y Habujah. Es el ángel custodio de los nacidos entre el 25 y el 29 de febrero.

69. Rochel (Rahel)

Pertenece al orden de los ángeles, bajo el mando del arcángel Gabriel. Tiene dominio sobre el Sol y el signo de Piscis. Se le invoca para encontrar objetos perdidos o robados y para conocer al que los sustrajo. Comunica sentido de la ley y el orden y la capacidad de solucionar problemas y conflictos. Tiene el atributo de «Dios que todo lo ve». También se le encuentra en los textos con las grafías Roehe y Riqhiel. Es el ángel custodio de los nacidos entre el 1 y el 5 de marzo.

70. Iibamiah (Jabamiah)

Pertenece al orden de los ángeles, bajo el mando del arcángel Gabriel. Tiene dominio sobre el planeta Venus y el signo de Piscis. Se le invoca y se lleva su talismán para que favorezca las asociaciones y uniones, y proporcione beneficios y alegrías. Protege a quienes le invocan para regenerarse y purificarse. Su atributo es el del «Verbo que crea todas las cosas». También se le encuentra en los textos con las grafías Habamiah, Jamabiah e Ibemiah. Es el ángel custodio de los nacidos entre el 6 y el 10 de marzo.

71. Haiaiel (Hajael)

Pertenece al orden de los ángeles, bajo el mando del arcángel Gabriel. Tiene dominio sobre el planeta Mercurio y el signo de Piscis. Se le invoca para tener éxito en la profesión y los medios de comunicación social. Ayuda a que uno sea libre e independiente, así como para librarse de opositores, intrigantes, enemigos, acosadores y perseguidores. Su atributo es el de «Dios, dueño del Universo». También se le encuentra en los textos con las grafías Hiel y Jaiaiel. Es el ángel custodio de los nacidos entre el 11 y el 15 de marzo.

72. Mumiah

Pertenece al orden de los ángeles, bajo el mando del arcángel Gabriel. Tiene dominio sobre la Luna y el signo de Piscis. Controla la física y la medicina, así como la salud y la longevidad. Es el omega, el fin de todas las cosas. Se le invoca para que conceda el renacimiento, la renovación, la vivificación y la regeneración. Es el ángel custodio de los nacidos entre el 16 y el 20 de marzo.

INVOCACIONES
A LOS ÁNGELES

A continuación proporcionamos una serie de invocaciones, oraciones e impetraciones a los ángeles, para que sirvan de ejemplo y cada lector pueda inspirarse para hacer su propia oración, de acuerdo con sus necesidades.

Además, cualquiera puede pedir (al margen de las invocaciones específicas que añadamos) cualquier cosa a su ángel custodio, de acuerdo con la fecha de nacimiento. Y, por supuesto, también se puede rezar a cualquier otro ángel para pedirle lo que uno necesita en un momento determinado.

Así, aunque el lector haya nacido, por ejemplo, el 28 de abril, y su ángel custodio sea Cahetel, también puede orar a Rehael si necesita ayuda para superar una enfermedad o intervención quirúrgica, o para auxiliar a un familiar para que recupere la salud.

Y si se quiere potenciar más cualquier petición, se pueden encender dos velas blancas (o velones), una a la

45

derecha y otra a la izquierda. Incluso el que disponga de las cartas de los ángeles puede poner la imagen o imágenes correspondientes en la mesa que cumple la función de altar.

—◅◦▻—

Invocación a los ángeles
Nelchael, Sitael, Hakamiah y Caliel
para la protección familiar

¡Oh, ángeles custodios protectores
y misericordiosos del mundo invisible y superior!,
protegednos de nuestros enemigos y de los peligros,
haced que las fuerzas malignas no puedan dañarnos,
y evitadnos accidentes, robos y contratiempos,
y aumentad nuestras fuerzas y valor
para que podamos salir con bien
en todos nuestros proyectos y empresas.
Traednos la buena suerte y prosperidad,
y conservad y mejorad nuestra salud.

¡Oh, Nelchael, Sitael, Hakamiah y Caliel!
¡Oh, ángeles queridos de luz y sabiduría!,
que sois la antorcha y la espada
que la malignidad aleja,
aumentad nuestras energías

e iluminad nuestras mentes y corazones.
Protegednos de insidias y traiciones,
y libradnos de los maleficios y mal de ojo
que personas malignas puedan enviarnos.
Ayudadnos en nuestro empleo y trabajo,
y, en especial, protegednos en este día
de todo accidente, percance, contratiempo, robo,
violencia y de la acción de enemigos y delincuentes.

Así se cumpla lo solicitado en nombre del Señor
y de los santos arcángeles.

—◄o►—

Invocación a los ángeles
Lelahel, Reiiel, Rehael, Ieilael y Hahaziah
para recuperar la salud

¡Oh, espíritus angélicos del mundo superior!
¡Oh, ángeles Lelahel, Reiiel, Rehael, Ieilael
y Hahaziah,
que os halláis en el mundo invisible y superior,
al lado del trono del Señor!,
que conocéis los profundos secretos
de la vida y de las enfermedades,
os suplico que me ayudéis a superar
los baches de mi salud,

a que la operación a la que me someteré salga bien,
a que el tratamiento que me harán sea positivo
y beneficioso. Haced que sane y me recupere
lo más pronto posible
y pueda reemprender una vida normal
llena de vitalidad.

¡Oh, espíritus de luz!
¡Oh, ángeles superiores del mundo invisible!,
Lelahel, Reiiel, Rehael, Ieilael, Hahaziah...,
que conocéis los secretos y remedios del mundo,
os ruego que alejéis de mí las dolencias
que ahora me aquejan,
que aumentéis mis energías y mi salud,
que iluminéis mi mente y pensamientos,
que me cure de mi dolencia (nombrarla)
y que cada día me encuentre más fuerte y ágil.

Así se cumpla lo solicitado en nombre del Señor
y de los santos arcángeles.

—◄○►—

Invocación a los ángeles
Izalel, Lehahiah, Aniel y Menakel
para encontrar empleo

¡Oh, ángeles misericordiosos y compasivos,
que mis plegarias escuchéis!
¡Oh, ángeles de luz y sabiduría,
Izalel, Lehahiah, Aniel y Menakel!,
os ruego que aumentéis mis energías
y firmeza de voluntad,
que iluminéis mi mente
y me ayudéis a encontrar un empleo o trabajo
en el que pueda demostrar mis facultades,
conocimientos y eficacia,
desarrollar mi capacidad creativa
y abrirme camino con mis esfuerzos y estudios.

¡Oh, espíritus angélicos!
¡Oh, ángeles Izalel, Lehahiah, Aniel y Menakel!,
que estáis en presencia del Señor,
que sois la luz, la antorcha y la espada
que las adversidades alejáis!,
alumbrad mi camino,
iluminad mi mente
y disciplinad mis fuerzas interiores
para el estudio y el trabajo
e influid en la mente y el corazón

de quienes puedan ofrecerme un empleo,
ayudarme laboral y profesionalmente
y hacer que salga del bache social
y económico que estoy pasando,
y siempre bendeciré vuestra santa bondad.
Haced que se tengan en cuenta
mis solicitudes de empleo,
ayudadme a superar entrevistas,
pruebas y exámenes,
e influid para que me contraten.
De ser posible, haced que sea aceptado
en la empresa (nombre) ....
sita en ....
o en el departamento de ....

Así se cumpla lo solicitado en nombre del Señor
y de los santos arcángeles.

Invocación a los ángeles
Aniel, Leviah, Iahhel y Aehaiah
para aprobar exámenes

¡Oh, ángeles del conocimiento y sabiduría
que mis plegarias escuchéis!
¡Oh, ángeles Aniel, Leviah, Iahhel y Aehaiah,
os ruego que me auxiliéis en mis estudios,
investigaciones y exámenes!
Haced que se intensifique mi memoria,
concentración y asimilación
y pueda abrirme camino
con mis investigaciones y experimentaciones.

¡Oh, ángeles Aniel, Leviah, Iahhel y Aehaiah,
que sois la antorcha de la sabiduría
y del conocimiento ilustrado!,
alumbrad mi camino,
iluminad mi mente y mi alma,
y disciplinad mis fuerzas interiores
para el estudio y el trabajo.
Inspiradme buenas ideas y pensamientos
y auxiliadme en mis exámenes,
para que sea digno (digna) de vuestra ayuda.
En particular, haced que apruebe
el examen que pasaré el día ....
en la materia de ....

en ....
y siempre bendeciré vuestra santa bondad.

Así se cumpla lo solicitado en nombre del Señor
y de los santos arcángeles.

—◦—

Invocación a los ángeles
Lauviah y Mebahel
para tener armonía familiar

¡Oh, ángeles Lauviah y Mebahel,
que mis plegarias escuchéis!,
os ruego que me concedáis
la gracia de vivir en paz y armonía
en mi hogar y familia.
Os pido, imploro y suplico
que hagáis que reine un buen ambiente
en mi casa y entre los míos,
y que todos podamos controlar nuestros nervios,
serenar nuestros espíritus
y vivir sin peleas ni enfados,
gracias a la luz interior
que recibamos de vuestros santos espíritus
y siempre bendeciré vuestros santos nombres.
Dadnos comprensión y fuerza de voluntad

para perseverar en nuestro camino
de paz y unidad familiares.
Haced que ninguna fuerza extraña
ni persona pueda interferir
en nuestra felicidad
ni en nuestros deseos y proyectos.
Alejad de nosotros a las falsas amistades
e intrigantes, aunque sean parientes.

Así se cumpla lo solicitado en nombre del Señor
y de los santos arcángeles.

<o>

**Invocación a los ángeles
Nemamiah, Iliel, Sitael, Hakamiah,
Haaiah, Ielahiah y Vasariah
para liberar detenidos, procesados
y encarcelados injustamente
(para ganar pleitos)**

¡Oh, ángeles misericordiosos y compasivos
del plano celestial!
¡Oh, ángeles Nemamiah, Iliel, Sitael, Hakamiah,
Haaiah, Ielahiah y Vasariah!,
os ruego que intercedáis por mí,
injustamente encarcelado y procesado

y que hagáis que sea reconocida mi inocencia
de los delitos de que me acusan.
¡Haced que resplandezca mi falta de culpa
y que mis enemigos no puedan dañarme más!
¡Vosotros, que todo lo veis,
como mensajeros del Señor,
sabéis que no soy culpable!

Haced que la luz se haga en la mente
de los jueces y tribunales,
y atiendan a mis propuestas de inocencia
y que las investigaciones
así lo pongan de manifiesto.

¡Oh, espíritus angélicos y divinos
que todo lo veis y podéis!
¡Oh, ángeles Nemamiah, Iliel, Sitael, Hakamiah,
Haaiah, Ielahiah y Vasariah,
que nada escapa a vuestro escrutinio!,
os ruego que me salvéis de la infamia,
falacia y conspiración de mi enemigo (nombre
completo)............................,
que defendáis mi causa según la inocencia
que hay en mí y en los míos,
y siempre bendeciré
vuestra santa bondad y misericordia.

Así se cumpla lo solicitado en nombre del Señor
y de los santos arcángeles.

(NOTA: *En el caso de que el detenido o procesado sea un hijo, hermano, esposo, padre, etcétera, el texto se debe adaptar a cada persona*)

◄o►

Invocación al ángel
Mebahiah
para ser fértil, para tener hijos

¡Oh, ángel Mebahiah,
espíritu poderoso y misericordioso
del orden de los Principados!,
os ruego que hagáis desaparecer
los obstáculos y dificultades
que frenan que pueda ser madre.
Os suplico que me concedáis
el don de ser fértil,
de quedarme embarazada,
de que el parto vaya bien
y pueda tener descendencia
sana y salva.

¡Oh, omnipotente ángel Mebahiah!,
atended mis súplicas

y siempre bendeciré vuestra santa bondad
para conmigo y los míos.
¡Que todo sea para bien del Señor
y de los espíritus angélicos que le sirven!

Así se cumpla lo solicitado en nombre del Señor
y de los santos arcángeles.

<o>

Invocación al ángel
Sitael
contra el infortunio y la adversidad

¡Oh, ángel Sitael, del orden de los Serafines!,
os invoco para solicitar
vuestra protección y auxilio
para luchar contra la adversidad,
la mala suerte y las dificultades
que estamos pasando en mi hogar,
familia, trabajo y empresa.
Haced que pronto desaparezcan
esas nubes negras que ensombrecen
nuestra existencia,
y que podamos superar
todas las contrariedades
y recuperar la alegría de vivir,

gracias a vuestra generosidad,
y siempre bendeciremos
vuestra santa bondad
y la de todos los espíritus
que nos ayuden siguiendo vuestros deseos.

Así se cumpla lo solicitado en nombre del Señor
y de los santos arcángeles.

—◄o►—

Invocación al ángel
Vevaliah o Veuliah
para poder dejar un vicio

¡Oh, ángel superior Vevaliah o Veuliah,
del orden de las Virtudes!,
os ruego que mis plegarias escuchéis,
y os suplico con toda la fuerza
de mi espíritu y corazón,
que me auxiliéis para tener
fuerza de voluntad para dejar
el vicio de (fumar, beber, jugar, drogarse)...............
que está destruyendo mi cuerpo,
mi alma y mi existencia.
¡Oh, ángel poderoso Vevaliah o Veuliah,
del orden de las virtudes!,

os imploro que influyáis
en mi mente y voluntad
para que abandone para siempre
el vicio de (nombre del vicio).........................
que tanto perjudica mi salud,
mi vida y mi familia.
Alejadme de los falsos amigos
que me inducen a ese vicio
y haced que me convierta
en una persona sensata, responsable,
virtuosa y creativa,
y siempre bendeciré vuestro santo nombre.

Así se cumpla lo solicitado en nombre del Señor
y de los santos arcángeles.

◄o►

Invocación a los ángeles
Lecabel y Cahetel
para la protección de la agricultura
y la ganadería

¡Oh, excelso ángel Lecabel,
del orden de las Dominaciones!,
¡Oh, generoso ángel Oahetel,
del orden de los serafines!,

os ruego que protejáis
nuestros sembrados y cosechas,
nuestros árboles frutales
y nuestros animales y ganado,
tanto de las inclemencias del tiempo
como de las epidemias
y de la acción de los rapiñadores,
sean fieras o humanos,
y siempre bendeciremos vuestra
bondad y la de todos vuestros espíritus servidores.

Así se cumpla lo solicitado en nombre del Señor
y de los santos arcángeles.

NOTA: para que surtan más efecto las invocaciones, lo mejor
es hacerlas en novenas, es decir, *nueve días seguidos*, y prefe-
riblemente mientras la Luna esté creciendo.

◄o►

*¡Qué los espíritus angélicos os sean propicios
en todo momento y lugar!*

◄o►

ÍNDICE

El *Diccionario universal de ángeles, demonios, monstruos y seres sobrenaturales* reúne y relaciona todas aquellas criaturas extrañas, paranormales, diabólicas o angélicas y fuera de lo común que han acompañado al ser humano desde el principio de los tiempos.

Ángeles, demonios, hadas, enanos, gnomos, duendes, monstruos, vampiros y otros seres sobrenaturales desfilan en este diccionario destinado a todos aquellos que deseen penetrar en el conocimiento del mundo invisible y de las entidades que lo pueblan.